ARCAGAMBIS,

TRAGEDIE

EN UN ACTE,

Par les Auteurs des Comédiens Esclaves.

Représentée pour la premiére fois par les Comédiens Italiens ordinaires du Roy le 10. Aouſt 1726.

A PARIS,

Chez BRIASSON, ruë Saint Jacques, à la Science.

M. DCC. XXXII.

Avec Approbation & Privilege du Roy.

ACTEURS.

ARCAGAMBIS , Roy.

THAMIRE , Princesse destinée à Arcagambis.

TETONICE , Nourrice de Thamire.

GARGAME, Prince étranger reconnu fils d'Arcagambis.

HIERBAS, Confident de Gargame.

NABOTAS , Capitaine des Gardes d'Arcagambis.

GARDES.

La Scéne est dans le Palais du Roi.

ARCAGAMBIS,
TRAGEDIE.

SCENE PREMIERE.
GARGAME, HIERBAS.
HIERBAS.

ARGAME pourroit-il former
un tel deſſein ?
GARGAME.
Oüi, je l'ai réſolu, tu m'en parles
en vain.

HIERBAS.

Quoi ! vous pourriez ternir l'éclat de votre gloire,
Et des bienfaits du Roi perdre ainſi la mémoire ?
Au milieu de ſa Cour, le Grand Arcagambis
Vous reçoit, vous chérit comme ſon propre fils ;
A vous combler d'honneurs chaque jour il s'em-
preſſe,

A ij

Et vous voulez, Seigneur, lui ravir la Princeſſe ?
Elle qu'un nœud ſacré doit unir à ſon ſort ;
Daignez conſiderer . . . . .

GARGAME.

Je ſçai bien que j'ai tort ;
Mais ne retrace point à mon ame agitée
Cette Loi du devoir trop long-tems reſpectée ;
Soumis au joug charmant d'une invincible ardeur,
Toute autre Loi paroît importune à mon cœur.
Qui pourroit en effet y combattre Thamire,
Et les tranſports preſſans que ſa beauté m'inſpire ?
En vain Arcagambis tiranniſe ſes vœux,
Et d'un Hymen prochain croit allumer les feux :
Non, non, de cet Hymen ne flatte point ton ame,
Ses feux ne brûleront que par ceux de Gargame.

HIERBAS.

Le cœur de la Princeſſe au vôtre eſt-il ſoûmis ?
En êtes-vous aimé ?

GARGAME.

N'en doute point.

HIERBAS.

Tantpis.
Je prevois des malheurs dont tous mes ſens fre-
　　miſſent ,
Et mes cheveux d'horreur ſur mon front ſe heriſ-
　　ſent.
Ne verrai-je jamais que de foibles Heros

Oublians leur devoir, aimer mal-à-propos !
GARGAME.
Il eſt vrai : mais je cede au penchant qui m'en-
traîne,
Et je ne puis briſer une ſi belle chaîne ;
L'amour ne porte point d'atteintes à l'honneur ;
Quand on a fait partout admirer ſa valeur,
On eſt ſûr de ſa gloire , & l'on peut ſans baſſeſſe
Avec mille vertus avoir une foibleſſe.
HIERBAS.
Etranger en ces lieux , oſez-vous bien, Seigneur,
Juſques à la Princeſſe élever vôtre cœur ?
GARGAME.
Quoi donc ! ne ſçais-tu pas qu'une Reine eſt ma
mere ?
HIERBAS.
Oüi ; mais vous ignorez quel étoit votre pere.
GARGAME.
Pour en être éclairci je venois en ces lieux ,
Lorſque je fus frapé de l'éclat de ſes yeux ;
Je la vis au moment qu'un fatal Hymenée
Devoit au ſort du Roi joindre ſa deſtinée :
Elle lut dans mes yeux, je connus dans les ſiens
Que nos cœurs étoient faits pour de plus doux
liens.
HIERBAS.
Seigneur , dans ce Palais Arcagambis commande
A iij

Thamire doit s'unir au Roi qui la demande;
Vous verrez par ce coup renverser votre espoir.

GARGAME.

Un cœur comme le mien ne craint aucun pouvoir;
Et ce bras qui cent fois a conquis des Provinces,
S'il sçait les soûtenir, sçait abbatre les Princes.

HIERBAS.

Seigneur, quand vous allez conquerir des Etats,
De fortes Legions secondent votre bras;
Mais vous êtes ici sans amis & sans suite.

GARGAME.

Du dessein que j'ai pris la Princesse est instruite,
Son aveu me suffit , & je veux aujourd'hui
Faire voir qu'un Heros sçait vaincre sans appui.

HIERBAS.

C'est une trahison.

GARGAME.

　　　　L'amour en est complice,
Un absolu pouvoir......

SCENE II.

ARCAGAMBIS, GARDES, GARGAME ;
HIERBAS, NABOTAS.

ARCAGAMBIS.

Gardes, qu'on le saisisse :
Oüi , lui-même, Gargame, allez & de ce pas

Dans la même prison qu'on enferme Hierbas.

GARGAME.

Quel ordre rigoureux ! daignez du moins m'inftruire . . . .

ARCAGAMBIS.

Gardes obéïffez , je n'ai rien à lui dire.

GARGAME *en s'en allant.*

Le Roi , cher Hierbas, a fçû ma trahifon.

HIERBAS *en s'en allant.*

Et moi qui n'en fuis point, on me mene en prifon!

NABOTAS.

Seigneur , ce changement a lieu de me furprendre,
J'en cherche les motifs , & n'y puis rien compren-
dre.
Quel crime a donc commis ce Prince infortuné ?
Pourquoi, fans l'écouter , l'avez-vous condamné?
Ciel ! dans quelle frayeur votre courroux me
plonge !
Quelle en eft la raifon ? qui vous y porte ?

ARCAGAMBIS.

Un fonge.

Ecoute Nabotas : les ombres de la nuit
M'invitoient à goûter le repos qui la fuit,
Lorfqu'au fond de mon cœur une voix effrayante
A répandu foudain le trouble & l'épouvante;
J'ai crû voir un Guerrier ménaçant, furieux,

Le glaive dans la main, le courroux dans les yeux,
Contre moi conduifant une nombreufe armée,
Infpirer la terreur à ma garde allarmée :
C'étoit Garpame ; Oh Dieu ! j'en tremble encor
d'effroi ;
Sur mon Trône, l'ingrat s'eft affis malgré moi,
Et cedant aux tranfports d'une aveugle tendreffe,
Lui-même a préfenté le Sceptre à la Princeffe :
Thamire l'a reçû, mais par un coup du fort,
En recevant le Sceptre, elle a reçû la mort ;
Et dans le même inftant l'Ufurpateur perfide
A plongé dans mon fein un acier homicide ;
J'ai paffé le Cocithe, & le noir Acheron,
Et le fonge a fini par un coup de canon.

NABOTAS.

Devez-vous craindre un fonge ? & fes images vai-
nes,
Peuvent-elles regler nos plaifirs ou nos peines ?
Sans en être frappé, j'ai rêvé mille fois.

ARCAGAMBIS.

Vous rêvez en Sujets, & nous rêvons en Rois.

SCENE III.

THAMIRE, TETONICE,
ARCAGAMBIS, NABOTAS.

THAMIRE.

EN croirai-je le bruit qui vient de fe répandre,
Seigneur ? un Etranger qui ne peut fe défendre

Et qui dans votre Cour se croit en sûreté ;
Est dans ce même instant par votre ordre arrêté.

ARCAGAMBIS.

J'ai de justes raisons pour immoler ce traître ,
Et quand il sera mort je les ferai connoître.

THAMIRE.

Ah ! Seigneur , quel arrêt allez-vous prononcer ?

ARCAGAMBIS.

C'est un ordre des Dieux qui vient de m'y forcer;
Et je vais le livrer au plus cruel supplice.

THAMIRE.

Les Dieux ordonneroient une telle injustice !
Ce Heros de ces Dieux retrace la grandeur
Par toutes les vertus qui regnent dans son cœur.
Lorsque dans cette Cour votre amitié l'arrête,
Pouvez-vous vous résoudre à proscrire sa tête ?
Non , je ne verrai point ce spectacle odieux,
Et la mort secourable en privera mes yeux.

ARCAGAMBIS.

Ce transport imprevû me surprend : & j'ignore
Quel secret interêt vous force . . . .

THAMIRE.
                    Je l'adore.

ARCAGAMBIS.

Vous l'adorez ! & moi ?

THAMIRE.

Je ne vous aime plus.
Vous feriez fur mon cœur des efforts fuperflus
Conduite dans ces lieux par l'ordre de mon Pere,
Je vous vis, & fon choix avoit de quoi me plaire ;
Mais Gargame parut, je m'en laiffai charmer,
Et pour aimer toûjours, c'eft lui qu'il faut aimer.

ARCAGAMBIS.

Vous avoüez fans honte un amour temeraire....

THAMIRE.

Je rougirois Seigneur, fi je pouvois le taire ;
Ne me reprochez rien, mais applaudiffez-vous
De n'être pas encor devenu mon Epoux.

ARCAGAMBIS.

Je le ferai bien-tôt, perfide, & fans rien craindre ;
A me garder ta foi, je fçaurai te contraindre ;
Puifque Gargame feul peut nuire à mon amour,
Lui feul en deviendra la victime en ce jour.

Il s'en va

SCENE IV.

THAMIRE, TETONICE.

TETONICE.

Vous vous creufez vous-même un affreux pré-
cipice,

Oh Ciel qu'avez-vous dit !

THAMIRE.

Ah ! chere Tetonice,
Dans l'état où je suis, au comble du malheur,
Je dois quand je le perds avoüer mon vainqueur ;
Gargame va perir, & mon ardeur fidele
M'ordonne de le suivre en la nuit éternelle.

TETONICE.

Ce secret à jamais devoit être celé.

THAMIRE.

Je voulois le cacher, mais l'amour a parlé ;
Je deteste le Roi.... pour augmenter sa peine,
Je prétens à ses yeux faire éclater ma haine,
Et malgre tous ses soins, quoiqu'il puisse m'offrir,
L'accabler de mépris, l'en convaincre & mourir.

TETONICE.

A de tels sentimens me serois-je attenduë !
Rendez, rendez le calme à votre ame éperduë,
Un transport violent a troublé votre esprit ...
De mes sages conseils voilà donc tout le fruit ?
Je ne condamne point votre amour pour Gar-
　　　　game,
C'est un Prince accompli ; mais deviez - vous,
　　　　Madame,
Faire de cet amour l'aveu trop indiscret ?

THAMIRE.

Je suis femme, & tu veux que je garde un secret ?

T E T O N I C E.

Ah ! Madame en ces lieux Arcagambis s'avance.

T H A M I R E.

Le verrai-je toûjours .... évitons fa prefence.

S C E N E   V.

ARCAGAMBIS, THAMIRE, TETONICE.

A R C A G A M B I S.

R Appellé par l'amour je reviens fur mes pas...
  Mais Dieux, où courez-vous ?

T H A M I R E.

Où tu ne feras pas,
Tyran ; tu crois eteindre une fi belle flâme ,
Ou donne-moi la mort, ou rends-moi mon Gar-
　　　game ;
En vain dans la prifon on le cache aujourd'hui ;
Mon cœur malgré tes foins y foupire avec lui.

S C E N E   V I.

A R C A G A M B I S *feul.*

L A perfide me fuit... quel projet forme-t'elle ?
  Je n'en fuis plus aimé , l'ingrate, l'infidelle ;
Elle-même à l'inftant vient de m'en affurer.
Mon malheur eft certain , je ne puis l'ignorer.
Malgré tous mes bienfaits & ma tendreffe extrême,

Quand je veux fur fon front mettre le Diadême ,
Croit-elle impunément deshonorer le mien ?

SCENE VII.

NABOTAS, ARCAGAMBIS.

NABOTAS.

LE Prince vous demande un moment d'en-
tretien.

ARCAGAMBIS.

Qu'ofe-t'il demander ? quoi malgré fon offenfe
Le traître pourra-t'il foûtenir ma préfence ?
Qu'il vienne, j'y confens, mais qu'il n'efpere pas
Après notre entrevûë éviter le trépas.

SCENE VIII.

GARGAME , ARCAGAMBIS ;
HIERBAS , NABOTAS.

ARCAGAMBIS.

QUel fecret important as-tu donc à m'appren-
dre ?
De tes noirs attentats pourras-tu te deffendre ?
Eft-ce ta grace enfin que tu viens demander ?

GARGAME.

Mes pareils ne font faits que pour en accorder ;
Et loin que le trepas ait rien qu'ils appréhendent,
Les Heros du même œil le donnent & l'attendent ;

ARCAGAMBIS.

Ordinaires difcours de ces avanturiers

Qui viennent chez les Rois faire les grands Guer-
riers.

GARGAME.

Portez plus de respect au sang qui m'a fait naître.

ARCAGAMBIS.

Es-tu Roi ?

GARGAME.

Je suis plus, je suis digne de l'être.

ARCAGAMBIS.

Je ne vois rien en toi qui puisse m'assurer
Qu'à l'éclat de ce rang tu doives aspirer ;
Et les Dieux protecteurs des Souverains Monar-
ques,
Sur leur front glorieux en impriment les marques.

GARGAME.

Je ne puis être issu que d'illustres ayeux,
Et j'en crois plus mon cœur, que le sort & les
Dieux.

ARCAGAMBIS.

Tu ne sçais dans quel sang tu puisas ta naissance,
Et tu m'oses parler avec tant d'arrogance ?

GARGAME.

Tous ceux qu'à de hauts faits, le Ciel a destinés
N'apprenent que bien tard de quel pere ils sont
nés ;
Mais je connois ma mere, & je sçais qu'elle est
Reine ,

Et du moins d'un côté ma naiſſance eſt certaine ,
Pour l'autre , c'eſt à vous de m'en rendre éclairci ;
Et ce ſeul intérêt me conduiſoit ici :
Si tu veux de ton ſort penetrer le myſtere
Au Grand Arcagambis va demander ton Pere ,
Me dit Panteſilée . . . . .

ARCAGAMBIS.

　　　　　Hélas ! qu'ai-je entendu ?
Quel trouble dans mes ſens ce nom a répandu !
Panteſilée , ô Ciel !

GARGAME.

　　　　　D'où vient cette ſurpriſe ?
A me dire ſon fils , Seigneur , tout m'autoriſe.

ARCAGAMBIS.

Quel ſigne peut ici prouver ce que tu dis ?

GARGAME.

L'oreille d'un Sanglier que je porte.

ARCAGAMBIS *l'embraſſant.*

　　　　　Ah ! mon fils !

GARGAME.

Moi ! votre fils !

NABOTAS *au Roi.*

　　　　　Mon ame a lieu d'être étonnée ;
Seigneur ; vous qui jamais au joug de l'hymenée
N'avez aſſujetti votre invincible cœur ,
De trouver un enfant vous avez le bonheur ?

ARCAGAMBIS.

Je fus jeune autrefois, & guidé par la gloire
Je courus l'Univers fuivi de la victoire.
Un jour me repofant au bord du Themodon,
Mon courfier près de moi paiffant fur le gazon ;
Je le vis emporté d'une fougue foudaine,
Courir malgré ma voix dans la Forêt prochaine ;
Je le fuis, je le joins ; mais quel étonnement,
Lorfque Pantefilée en ce même moment
Fit briller à mes yeux plus d'appas, plus de grace,
Que Venus n'en offrit au grand Dieu de la Thrace?
Elle fuyoit alors un Sanglier furieux
Prêt à trancher le fil de fes jours précieux ;
Je vole à fon fecours, & d'une main hardie
Je triomphe du monftre & le laiffe fans vie,
Sans perdre un feul inftant, refpectueux vainqueur,
J'apporte à fes genoux & fa hure & mon cœur ;
Je vis dans fes beaux yeux, que troubloit ma pré-
      fence ,
Eclater plus d'amour que de reconnoiffance.
O fouvenir charmant du prix de mes travaux !
L'hymen n'eft pas toûjours entouré de flambeaux ,
Le Temple étoit trop loin, & fans cérémonie
Cette Reine avec moi confentit d'être unie.

GARGAME.

Je vous dois donc la vie?

ARCAGAMBIS.

A R C A G A M B I S.

Oüi : c'eſt de cet amour ;
De cet himen ſecret que tu reçûs le jour.
Je veux que mes Sujets que je vais en inſtruire
Reconnoiſſent en toi l'heritier de l'Empire.
Mais tu me cederas la Princeſſe , mon fils.

G A R G A M E.

Qui? moi vous la ceder! moi Seigneur ? je ne puis.

A R C A G A M B I S.

Tu veux l'aimer toûjours?

G A R G A M E.
Rien ne peut m'en diſtraire.
A R C A G A M B I S.
Dieux ! je n'ai plus de fils.
G A R G A M E.
Dieux ! je n'ai plus de pere.

N A B O T A S *à Gargame.*

Par de tels ſentimens n'allez pas vous trahir ,
Puiſqu'il eſt votre pere , il lui faut obéir.

G A R G A M E.

Non, non, lorſqu'il prétend me ravir ce que j'aime
Je ne reconnois plus ſa puiſſance ſuprême.

N A B O T A S *au Roi.*
A votre âge l'on doit craindre le nom d'époux .
La Princeſſe, Seigneur, lui convient mieux qu'à vous.

Arcagambis.   B

ARCAGAMBIS *à Gargame.*

Puisqu'enfin tu ne peux étouffer ta tendreffe ;
Je vais pour te punir époufer la Princeffe.

GARGAME.

Et moi, je ne crains point un fort fi rigoureux ;
Thamire m'a promis de couronner mes feux ;
Je fçai que rien ne peut ébranler fa conftance ,
Je fuis fûr de fa foi, de fa perfeverance ;
Vous prétendez en vain difpofer de fon cœur ,
C'eft un prix qui n'eft dû qu'à ma fidele ardeur.
Adieu … je vais Seigneur … Dans ce péril ex‑
      trême
Que vais-je faire ? hélas! .. Je l'ignore moi-même.

Il s'en va.

NABOTAS.

Il n'en faut point douter, Gargame en ce moment
Va trouver la Princeffe en fon appartement ;
Prevenez fes deffeins , ordonnez qu'on le fuive :
S'il parvient à la voir , fon ardeur eft fi vive
Que loin de redouter votre jufte courroux ,
Il pourroit bien, Seigneur, l'époufer avant vous.

ARCAGAMBIS.

Allez vous oppofer vous-même à fon paffage ,
Courez , cher Nabotas …

NABOTAS.

      Comptez fur mon courage;
Je fçaurai de ce foin dignement m'acquitter ,

Malheur à votre fils , s'il m'ofe refifter.
Il s'en va.

S C E N E IX.

ARCAGAMBIS *feul.*

Quels combats tout à coup s'élevent dans mon
         ame ?
Souffrirai-je qu'un fils outrage ainfi ma flâme ?
Non, fi jufqu'à ce point il ofe me braver,
Des horreurs de la mort rien ne peut le fauver.
Que dis-je ! c'eft mon fils, ma plus chere efperance:
Il a jufqu'à ce jour ignoré fa naiffance,
Je viens de l'en inftruire, & pere rigoureux
Je le condamnerois au fort le plus affreux !
Ah ! rien n'eft comparable au tourment que j'en-
         dure ;
Ecoute, Arcagambis, la voix de la nature ,
Elle-même te parle , & veut te retenir . . .
Il aime la Princeffe , & je dois l'en punir . . .
L'amour me le prefcrit , c'eft lui que j'en veux
         croire . . .
Non, cet ordre barbare offenfe trop ma gloire . .
Que ferai-je ? Tous deux m'agitent tour à tour. .
Dieux ! ne puis-je accorder la nature & l'amour ?

                        B ij

S C E N E X.

ARCAGAMBIS, HIERBAS, TETONICE.

TETONICE.

AH! Seigneur écoutez . . .

HIERBAS.

Seigneur, daignez m'entendre;

TETONICE.

Je viens vous informer. . . .

HIERBAS.

Je viens pour vous apprendre . . .

TETONICE.

Thamire au defespoir . . .

HIERBAS.

Le Prince malheureux . . .

ARCAGAMBIS.

Parlez l'un après l'autre, ou taifez-vous tous deux.

HIERBAS.

Animé des tranfports qu'un tendre amour infpire;
Le Prince en vous quittant a couru chez Thamire;
Nabotas de la porte ayant fçû s'emparer,
Lui dit, on n'entre point; & moi je veux entrer
Répond, en l'attaquant, votre fils en furie,

Et dans le même inſtant le prive de la vie.

ARCAGAMBIS.

Quoi ! le fier Nabotas auroit pû ſuccomber !

HIERBAS.

Seigneur, du premier coup nous l'avons vû tomber,
Alors de ce Heros redoutant le courage,
Vos Gardes effrayez lui livrent le paſſage ;
Il vole vers Thamire, il la voit . . mais ô Dieux !
Quel ſpectacle fatal ſe preſente à ſes yeux !

TETONICE.

Au bruit qu'on avoit fait, la Princeſſe étonnée,
Croyant que vous veniez preſſer votre hymenée,
Rencontre par malheur un poignard ſous ſa main,
Et malgré nos efforts le plonge dans ſon ſein.

ARCAGAMBIS.

Dieux !

HIERBAS.

Gargame arrivant la voit pâle & ſanglante :
Dans quel funeſte état trouve-je mon Amante !
Lui dit-il.

TETONICE.

Ah ! j'ai crû voir arriver le Roy,
Lui dit-elle.

Il falloit croire que c'étoit moi,
Lui dit-il :

HIERBAS.

Je vous perds adorable Thamire.

T E T O N I C E.

Elle veut lui répondre , & soudain elle expire.

A R C A G A M B I S.

L'ingrate en expirant n'a point brisé mes fers,
Et je les emporterai jusques dans les enfers.
Meurs , meurs , Arcagambis , tu ne peux lui sur-
vivre ,
Ton malheureux amour t'ordonne de la suivre.

Il se tue.

Ce jour par notre mort devoit être marqué ,
Justes Dieux ! c'en est fait , mon songe est ex-
pliqué.

On emporte Arcagambis.

SCENE DERNIERE.

GARGAME , HIERBAS , GARDES ,

G A R G A M E.

O Destin trop cruel ! ô pere trop barbare !
Ta rigueur de Thamire à jamais me sépare.

H I E R B A S.

Ces reproches sont vains , versez plûtôt des pleurs;
Le Roi vient d'expirer.

G A R G A M E.

O comble de malheurs!
Je perds en un seul jour la Princesse, & mon pere,
Et je respire encore?

H I E R B A S.

Cette perte est legere,
Le Thrône doit, Seigneur, adoucir vos regrets.

G A R G A M E.

Quelle nuit tout à coup obscurcit ce Palais?
De quels lugubres cris retentissent ces voutes?
La foudre des enfers vient d'entr'ouvrir les routes;
Quel invisible bras m'y traine malgré moi?
Que vois-je! au bord du Stix, la Princesse & le
    Roi:
Ils sont prêts à monter dans la barque fatale....
Ne croïés point sans moi passer l'onde infernale;
Arcagambis, Thamire... attendez, je vous suis.
En vain je les appelle, ils sont sourds à mes cris;
Déja le vieux Nocher a quitté le rivage;
Mais je sçaurai bien-tôt les atteindre à la nage,
Et les flots enflamez ne m'arrêteront pas....
Belle Thamire, enfin je revois tant d'appas,
Ah! puisque je retrouve une amante si chere,
Je ne vous quitte plus...Que vois-je!c'est Cerbere,
Il répand dans mon cœur son funeste poison,
Tisiphone a sur moi secoüé son tison....
Mais quoi..tout disparoît, & mon malheur extrême

Me ramene en des lieux plus craint que l'enfer
        même.
Bravons par le trépas un fort trop inhumain.
Que ce fer,....

HIERBAS.

Ah! Seigneur.....

GARGAME.

        Quoi! tu retiens ma main?
Laisse-moi terminer des jours que je deteste.

HIERBAS.

Vous n'accomplirez point un deffein si funeste?
Vous vous devez, Seigneur, au soin de vos Etats,

GARGAME.

Il faut donc m'immoler en ne me tuant pas.

FIN.

APPROBATIONS.

J'Ai lû par l'ordre de Monseigneur le Garde des
Sceaux, *Le Nouveau Theatre Italien*; j'ai exa-
miné en particulier les differentes piéces qui le com-
posent, & je n'y ai rien trouvé qui puisse en em-
pêcher l'impression. Fait à Paris ce 3. Novembre
1728. DANCHET.

J'Ai lû par l'ordre de Monseigneur le Garde des
Sceaux, *Arcagambis, Tragedie en un Acte.*
Cette Piece a plû sur le Theatre, & j'ai crû que
l'impression en seroit agréable au Public. A Paris
ce 26. Aoust 1727. DANCHET.